Leben ist Liebe

Die schönsten Verschenk-Texte
von
Kristiane Allert-Wybranietz

Mit Photographien der Autorin und
ihres Mannes Volker Wybranietz

Originalausgabe

WILHELM HEYNE VERLAG
MÜNCHEN

HEYNE Allgemeine Reihe
Nr. 01/9705

Umwelthinweis:
Dieses Buch wurde auf chlor- und säurefreiem
Papier gedruckt.

3. Auflage

Copyright © 1995 by Wilhelm Heyne Verlag GmbH & Co. KG, München
Printed in Germany 1997
Umschlagillustration: Nele Schütz
Umschlaggestaltung: Atelier Ingrid Schütz, München
Satz: ew print & medien service gmbh, Würzburg
Druck: RMO, München

ISBN: 3-453-09227-9

Eine Chance bleibt immer

Sie hatte Lust auf Leben,

doch ihr Vater fand sie noch zu klein,
ihre Mutter fand sie noch zu klein,
Omas und Opas fanden sie zu klein,

und sie selbst
fand sich hilflos
bei diesem Widerspruch.

Sie hatte Lust auf Leben.

Doch der Chef fand sie zu jung,
die Familie fand sie (immer noch) zu klein,
die Clique fand sie ohne Power,
die Jungs fanden sie prüde,

und sie selbst
fand sich inzwischen fehlerhaft
und wurde unsicher.

Sie hatte Lust auf Leben.

Der erste Mann enttäuschte sie.
Der zweite Mann verließ sie.
Den dritten heiratete sie.
Eifersüchtig übernahm er
sie in seinen Besitz,

und sie selbst
fand keine Kraft zum Widerstand,
dafür Sinn in den Kindern.

Sie hatte Lust auf Leben.

Ihre Kinder finden sie zu alt.
Der Mann hat eine attraktive junge Freundin.
Die Eltern finden sie jetzt schwach,

und sie selbst
hat immer noch Lust auf Leben,
doch lange nicht mehr den Mut.

Eine Chance bleibt immer!

Man sagte, darüber spreche
man nicht.
Man lehrte mich, diplomatisch
zu sein.
Man deutete an, hier und da
gäbe es Tabus.

Man sagte, es sei klug,
niemand auf die Füße zu treten.

Man ging als Beispiel voran,
schwieg und hatte nie Ärger.

Ich lernte schnell,
daß sich diese Regeln
mit Selbstachtung nicht vertragen.

Seitdem habe ich mich
in den Fettnäpfchen gut eingelebt
und festgestellt,
daß man darin
nicht so leicht fällt.

Selbstachtung

Ich habe lange geweint
heute – deinetwegen.

Dann sah ich
mich im Spiegel,

fühlte mich

und wußte:

SO WILL ICH
NIE WIEDER
DASTEHEN –

nicht einmal
deinetwegen.

Sehnsuchts-Gedicht
(Einladung zu einem Gespräch)

Wir vermeiden und suchen
gleichermaßen,
uns zu begegnen.
Unwägbarkeiten und Unsicherheiten
halten uns auf Small talk,
treffen wir uns allein.
Doch etwas ist gegenwärtig,
das diese Konversation zur Farce macht.
Es wird lauter,
je mehr wir schweigen.

Legen wir unsere Gefühle
nun schon auf Eis,
ruhen sie friedlicher,
wenn wir sicher sind,
was wir eingefroren haben.

Sonst hätte ich es dir längst gesagt

Eine Liebe zu leben,
in der jeder Verbindungen hat,
die es nicht zu zerstören gilt,

erfordert zwei Menschen,
die reif und stark sind,
zu vertrauen
und
zu verzichten.

Zufrieden?

Berufsbild abgeschlossen.
Familienbild abgeschlossen.

Gesellschaftlicher Aufstieg
abgeschlossen.

Und selbst?

Auch abgeschlossen?

Wenn Gefühle sterben...

Bitte laß niemals zu,
daß ich ein Pflegefall
in deinem Gefühlsleben werde.

Laß die Gefühle zu mir
in Würde altern,
und wenn es sein muß,
auch sterben.

Liebe erzwingen wollen

...ist so
wie laufen wollen,
obwohl deine Beine
dich nicht
mehr tragen.

Sehnsuchtsgedicht

In deinen Armen zu sein,
deine Nähe, deine Wärme,
deine Kraft, deine Angst zu spüren
– das ist mein Wunsch.

Doch für lange Zeit
wird es nicht möglich sein.

So erwarte ich unser Wiedersehen
wie die Blumen, die Knospen, die Triebe,
wie die ganze Natur
dem Frühling entgegensieht:

UNGEDULDIG,
aber in Gewißheit.

Wenn mir auch schwindelt,
während ich die Höhen
und Abgründe der Liebe passiere,

wenn ich auch weine, verliere
und es mich schier zerreißt,

so akzeptiere ich all das
noch lieber,
als erstarrt
und fernab vom Leben
mich auf keine Liebe
mehr einlassen zu wollen.

Deine Stärken liegen
sicher nicht auf dem Gebiet,
wo du seit langem
die meiste
Energie verbrauchst:

deine Schwächen zu
verstecken.

Theoretisch

bist du bunt, flexibel,
weltoffen, informiert,
wähnst dich vielen überlegen.

Praktisch
bist du nichts
als Theorie.

Du bereicherst
mein Leben,
dafür danke ich dir.

Doch versuche bitte
nicht,
meine eigenen, ganz
persönlichen Konten aufzulösen.

Das könnte dahin führen,
daß ich dich
– wenn auch schweren Herzens –
ausbuchen müßte.

Gefällig souverän gefälligst

Kritik und Widerspruch
bekommst du vermutlich
äußerst selten.

Die souveräne Rolle
ist dir vertraut.

Für mich spielst
du sie schlecht.

* Das Kostüm ist glatt, doch verkrustet.
* Die Mimik ist brüchig und bitter.
* Die Gestik unsicher.
* Die Stimme zu wissend, zu schrill.

* Die ganze Rolle,
deine Rüstung,
von innen nach außen
und von außen nach innen.

Der Tod
vernichtet
nicht alles
von uns.

Unser Wirken bleibt sichtbar
in der Weltgeschichte –
ebenso wie unser Nichttun.

Damals wie heutzutage

Sehr viele sind
UNINFORMIERT –

durch diesen Umstand
auch schnell

UNIFORMIERT.

Liebesgedicht

Irgendetwas in mir
hat eine Nachrichtensperre
im Bereich »Sympathie für dich«
verhängt.

Erklärungen darüber,
wie sehr ich dich mag,
gehen nicht heraus.

Die hält sicher nicht
der Bereich »Liebe« zurück,
auch nicht der Bereich
»Zuneigung« und
schon gar nicht
das Wunschressort.

Verantwortlich ist
mein ständiger Widersacher:
Abteilung »Unsicherheit«.

Gültigkeiten

Du wirst nie auf meinem Berg
Erfahrungen stehen,
du wirst niemals die Tiefe meiner
Verletzungen ermessen,
und du wirst niemals
durch meine Augen sehen,
durch meine Ohren hören,
durch meine Seele fühlen...

aber du meinst,
mir sagen, ja aufdrängen
zu müssen, wie ich erfahren,
spüren, was ich sehen und hören
und fühlen soll.

– niemals, mein Freund,
werde ich den Dingen
so wie du begegnen.

Dein Maß gilt
nur für dich.

Klassengesellschaft
oder
Auf dem Amt

Da stehe ich nun
und die Dame am Empfang
– mürrisch ihren Joghurt beiseite stellend –
schaut mich uninteressiert-verächtlich an.

Als ich ihr meinen Namen sage,
registriert sie, daß ich nicht
als »Bittsteller« gemäß ihrer
Einordnung komme
und strahlt mir plötzlich
– Freundlichkeit aufsetzend
und eine Spur zu eifrig –
entgegen.

Nun geht alles
reibungslos vonstatten.

– Und ich kann mir erklären,
warum es in dieser Dienststelle
so stark nach Demütigung riecht.

Liebesgedicht

Ich genieße die Sonne,
doch irgendwann wird sie mir zu heiß.

Ich esse Rinderfilet, vorzüglich,
und schaffe den Nachtisch nicht mehr.

Ich trinke Champagner – prickelnd –
und lasse das Glas halb voll,
habe genug.

Ich lese ein Buch und
schlage das Werk irgendwann zu.
Es reicht.

Ich führe Gespräche und
werde müde, beende sie.

Wir küssen uns
und satt
werde ich nie.

Bis zum Wiedersehen

Zwischen Ausflügen in
philosophische Gefilde
und alltäglichen Entscheidungen

rumorst
immer wieder du
in meinem Herzen.

– Wie ein warmer
stürmischer Sommerwind;

jedoch mit den
scharfen Böen der Sehnsucht.

Für einen Erfolgreichen
– ohne Neid, aber mit viel Kritik –

Von deinem hohen Roß
wirst du herunterstürzen.
Du strapazierst es zu sehr
und es wird straucheln,
früher oder später.

Paß auf,
daß du dann nicht in
deine hochgeehrten Lorbeeren
fällst,

denn die haben Stacheln,
die dich so rücksichtslos
stechen werden,
wie du es heute selbst oft bist.

Unerfüllte Liebe (?)

Wozu den Tanz
beginnen,
da ich doch weiß,
daß die Kapelle nur
dies eine Stück
für uns spielt.

Vielleicht des
Tanzes wegen!

Ein Liebesgedicht
– Evergreen –

An meinem Lebensbaum
gibt es viele Äste.

Du bist einer der
ganz wenigen Zweige,
die Nadelholz-Charakter
tragen.

Die anderen fallen
ab, verwelken nach und nach.

Du bleibst *Immergrün*.

Manchmal im Leben
ereignet sich wenig
bis gar nichts.

Lange dachte ich
– resigniert –,
das sei Stillstand;

doch war es immer
nur Reifezeit der Sehnsucht;
Ruhepause, Kräfte zu sammeln
für die nächste Ernte.

Angst vorm Freisein (?)

Du träumst von
Nächten unter freiem Himmel

und
gleichzeitig
ziehst du
in deinem Haus
eine stabilere Decke ein.

Lebensäußerung

Sie entschuldigt sich für ihre Wünsche.
Sie rechtfertigt ihre Bedürfnisse.

Sie verhält sich still, leise.
Sie vermeidet Auffälliges.
Sie unterdrückt Husten, Rülpsen, Niesen.
Sie wagt nichts, was ihr nicht passend
erscheint;
und das ist insbesondere *sie*
mit ihren Wünschen, Meinungen,
Träumen, mit ihren Schwächen und
ihren Bedürfnissen...

Und sie flüchtet in
die Depression.

Jetzt bekommt sie
Mitleid – Mitgefühl;
doch niemand ermutigt sie
zur Lebensäußerung.

In unserer hochtechnisierten
Welt fühle ich mich häufig
recht verloren.

Jedoch erschreckt mich das
weniger als die vielen Menschen,
bei denen ich spüre,
daß sie sich selbst
verlassen haben.

*Manche Menschen wirken
wie Ruinen.*

Frühling in der Seele

Zugeschneit, verschüttet
lag mein Mut unter den
lang anhaltend rieselnden
Schuldgefühlen und
Schuldzuweisungen

doch nun
schippe ich mich frei

von innen heraus.

Ende einer Romanze

I.
Du hast ein Stück
von mir fortgenommen
und ich trage etwas von dir.

Bevor die Schmerzen kamen,
habe ich geglaubt,
wir hätten einander nur berührt,
wie man so viele berühren kann
in einem Leben...
es war wohl doch mehr;
anders kann ich mir die
Wunde, in der dein Schweigen
wie Salz brennt,
nicht erklären.

II.
Bevor meine Sehnsucht,
dich zu fühlen,
mich ganz
zerfraß,
habe ich sie
in eine Dose getan

und vakuum
verschließen lassen.

Diese Dose trage ich
nun in mir –
als Kloß im Hals.

III.
Schade, ausgerechnet hier ist
mit Bürokratie nichts zu machen.

Lieber J.
Unser Vertrag ist abgelaufen.
Heute habe ich die Akte »J«
abgeschlossen,
den Ablagestempel
draufgedrückt. –

In der Anlage übersende ich
dir nun meine Gefühle für dich
zu meiner Entlastung zurück.

Mit freundlichen Grüßen

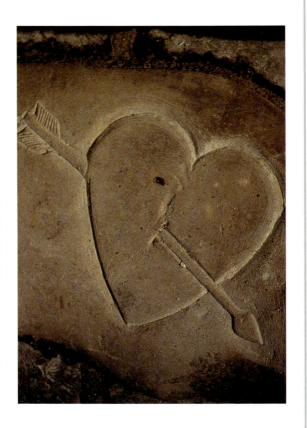

Warum gehst du so oft
an dir selbst vorbei?

Du siehst deine Mängel;
für deine Schönheit keinen Blick.

Du siehst deine Schwächen;
deine Stärken beachtest du nicht.

Du trägst an deinem schlechten Gewissen,
das du dir selbst machst oder
andere dir eingetrichtert haben;
deine guten Seiten wertest du nicht.

Du willst immer besser werden;
siehst nicht, wie gut du schon bist.

Reich dir die Hand
und versöhn dich zuerst mit dir.

Heute ist wieder so ein Tag

– mein liebstes Glas warf ich kaputt
– kein Wort von dir
– nur Rechnungen in der Post
– das Auto durch den TÜV gefallen
– mein Hund zerbrach den langgehegten
Blumenstock

– kein Wort von dir
– kein Wort von dir
– kein Wort von dir

Heute ist wieder so ein Tag

an dem nur die Hoffnung bleibt.

Aus allem schwemmt die Zeit
uns fort.

Gerade noch schwamm ich
in der Brandung dieser Nacht
mit dir.

Jetzt liege ich
am Strand des Danachs
– allein –
hingespült von der Zeit.

Noch eben saß ich tränennaß
– von Sorgen zugedeckt –
in meinem Zimmer.

Jetzt liege ich in deinem Arm.
Die Zeit hat dich zu mir gespült;
die Tränen sind getrocknet.

Aus allem schwemmt die Zeit
uns fort.

Verweigerung

Du sagst zu mir:
»Du liebst mich nicht
genug!«

Wieviel willst du,
wie mißt du?
In Pfund, Kilometer,
Rauminhalt,
Zeit, Stunden, Jahren?
Quadratmeter?

Meine Liebe ist
keine *Auslegware*,
die deinen gesamten
Erwartungsraum abdeckt.

Gedanken zum täglichen Kleinkrieg

Ist es Naivität
oder Zynismus,
was die meisten Menschen
es fertigbringen läßt,
aus Berührungspunkten
immer wieder Reibungsflächen
zu machen?

Trost

Öffnet sich eine Blüte
aufgrund eines Willens,
deines Wunsches,
deiner Ungeduld?

Deine Ungeduld
würde nur das Wachstum stören;
Druck schaffen,
unter dem sie stirbt.

Sie wird blühen
– wunderschön –,
wenn die Zeit reif ist.

Ähnlich ist es mit
der Liebe.

Zivilisationskrankheit

Bei vielen Zeitgenossen
– zu vielen –
sieht man deutlich die
Symptome des Angst-Feigheits-
und Konsumvirus,
der sie erstarren läßt
bei lebendigem Leibe.

Gegen dieses Virus hilft
angeblich, augenscheinlich
Bestrahlung
mit TV.

Von der Moral und Unmoral

Eine mäßige bis schlechte
Ehe zu führen,
wird allerorten toleriert,
denn die meisten
können da mithalten.
So teilt man Lüge und Leid.

Freude, Lust, Nähe,
eine buntschillernde Welt...

Nein. Neeeiiiinn!
Das geht nicht.
Das ist (sicher)
unmoralisch in
höchster Potenz,

ereifert sich die Mehrheit,
schreit deren Neid.

Lange traf mich das,
verunsicherte!

Heute lasse ich sie schmoren
in ihrem moralischen Sauerbraten
und gönne mir
eine doppelte Portion.

Du hättest das Zeug
zur strahlenden Königskerze,
die Männlichkeit zum
prächtigen Rittersporn.

Gut zu Gesicht stünden dir
die Lebendigkeit von buntem
Sommerphlox
und die Leichtigkeit
kalifornischen Mohns.

Warum wagst du dich
nicht heraus
aus deinem Steingarten?

Meine Gefühle
tragen bunte Kleider;
mal bequeme Fummel,
auch offizielle Garderobe.
Sie zeigen sich einfarbig,
sommerlich, winterlich,
praktisch, unternehmungslustig,
leicht, schwerbeladen oder
avantgardistisch gekleidet.

Für dich allein
tragen sie immer
das »Kleine Schwarze«
mit ein wenig Straßverzierung.
Das steht mir am besten.

Bereuen tue ich nichts

Den Mantel der Gleichgültigkeit
habe ich ausgezogen.

So kann ich vieles
spüren, fühlen und
aufnehmen,
was mich glücklich macht,
was sonst den Mantel
nicht durchdrang.

Jetzt kann ich auch
vieles sehen, was
ich sonst des
hochgeklappten Kragens wegen
übersah.

Doch seit ich den Mantel
nicht mehr trage,
spüre ich auch des öfteren
einen eisig kalten Hauch.

Über das Zusammenleben

Du weißt, ich begleite dich,
auch in die
dunklen Keller des Lebens.
Ich folge dir
– vertrauend –
in gefährliche Gegenden
und kämpfe mit
dir gemeinsam,
werden wir angegriffen.

Aber erwarte nie,
daß ich mit dir gehe,
dir folge und kämpfe
in Situationen, wo ich
dir und mir gegenüber
meine Würde verliere –

diese dunklen Bereiche
deiner Seele
mußt du
– wie jeder –
allein bewältigen.

Tritt in Opposition

Du wirkst organisiert.
Innovativ auch.
»Erfolgreich« hast du
auf deine Fahne
geschrieben,
aber fast jeder sieht
es ist nicht mehr
als untere Mittelklasse.
Es fehlt deine
wirkliche Persönlichkeit
in diesem blendenden
Reigen der Eitelkeiten.

Sie,
deine Persönlichkeit,
ohne die du nie
echt sein, wirken und
Erfolg haben kannst,
existiert tief in dir
derzeit nur noch als
Schattenkabinett.

Du allein hast die Wahl!

Zeitweise kommt mir der Verdacht

daß viele Mitmenschen
einer ganz besonderen
Medikation und
Therapie unterliegen.

Vergessensübungen hier,
Verdrängungstraining
gleich nach dem Aufstehen.
Stretching für perfekte
Anpassung zweimal
tagsüber,
mindestens,

und abends
eine stattliche Anzahl
von gedanklichen
Beruhigungspillen.

Fünf Variationen
zum Thema Schatten

du hast mir
stets vom
Licht
erzählt ...

dann fiel ich
in die Dunkelheit
deines Abganges.

War es nur
dein Schatten,
dem ich folgte?

Manchmal bist du nur
ein Schatten deiner selbst.
Verschüttet
die Persönlichkeit.
Versteckt.
Im Halbdunkel. Im Dunkel.

Ich.
Dein Schattenfänger.

Ich will nicht
Gast sein
in deinem Schattentheater,
wenngleich du darin
Meister bist.

Ich will nicht
deine projizierte
Zwei- oder Mehrdimensionalität,
wenn es doch nur
Projektion bleibt,
nicht greifbar,
unberührbar,
unwirklich.
Illusion. Täuschung,
die zu einer
flachen Figur
führt.

Schattenblume

Du warst einmal
eine Sonnenpflanze,
die viel Licht und Leben
brauchte, um zu blühen.

Doch Blüten hast
du dir abgeschminkt.
Zuviel Enttäuschung.
Zurückweisung.
So viele Regeln.
Enge.
Zuviel Besorgnis.
Zuviel Angst.

Heute lebst du mit
wenig Sonnen- und Lebenslicht.
Von Liebe gar nicht zu reden.

Du hast überlebt!
Das zeigt, du bist stark. Irgendwo.
Aber du lebst
wie Sauerklee im Fichtenwald
als Schwachlichtpflanze.

Nicht nur einmal

Erkennen, das ist nicht
oder nicht mehr mein Weg.

Unlust spüren, Müdigkeit,
Selbstverlust.

Standpunkte überdenken,
Situationen überschauen,
Erkennen und Akzeptanz
von Fehlern und Irrtümern,
Korrektur des Lebenskurses,
von neuem aufbrechen,
die Herausforderung annehmen.

Nicht nur einmal.
Sondern immer wieder
im Leben.

Eine große Liebe

Wunderschön.

Doch verlerne nie,
allein gehen zu können,
allein bestehen zu können,
allein leben zu können.

Dann wirst du überleben.
Und die Liebe auch.

Ich sah nie

Ich sah nie einen zweifelnden Berg,
nie eine unsichere Rose,
keinen fanatischen Stein,
nie depressive Wolken,
keinen durchgestylten Himmel.

Nie begegnete mir ausgebranntes Feuer,
noch traf ich verlogenes Wasser.

All diese Adjektive
tragen wir Menschen allein
– als fraglichen Schmuck.

Goldene Regeln

Wir lernten,
daß die Natur uns entgleitet,
wenn Menschenhand
in sie eingreift.

Trotzdem haben wir
immer noch
überall die Finger
im Spiel.

Ein kleiner Vogel starb heute morgen

In fröhlich-freiem Flug
durchschnitt er
die Lüfte, seine Welt,
bis eine große Fensterscheibe
ihn – sekundenbruchteilschnell –
erledigte.
Ich war traurig
ob des kleinen leblosen Körpers.

– Doch hat er wohl
weit intensiver gelebt
als viele von uns,
denen die Angst Ketten anlegt,
keinen Start ins Leben erlaubt!

Heckenrosengedicht Nr. 6
– Juni 1993 –

Der Stamm uralt,
aber zartrosa –
jungfräulich
die volle Blüte,
steht die Heckenrose
vor meinem Haus.

Und unsere Liebe,
basierend auf
uralten Regeln,
aber blutrot, so tief
und von Jungfräulichkeit
keine Spur,
findet sich in – vielleicht –
ewiger Blüte.

DIE DORNEN IN UNSEREN HERZEN!

Deine Hand
in der meinen.
Wir Arm in Arm.
Im Spiel unserer Zungen
verloren.
In liebevoller Umarmung
– kurzfristig –
das Drumherum vergessend.

Unsere Worte, die
– ineinander verworben –
Gespräch entstehen lassen.
Offen, verbindend und nah.

Deine Sehnsucht und
meine –
nach mir,
nach dir,
ein silbernes Band,
sichtbar nur für uns,
für lange gespannt.

Bereichernd!

Schlagartig

verloren viele Dinge,
die uns verbanden,
die ich gerne mit dir teilte
und die mich faszinierten,

ihre Bedeutung,
nachdem mir klar wurde,
daß du gar nicht so bist,
wie du dich präsentierst.

Und doch lebt einiges weiter in mir
– unabhängig von dir und der Enttäuschung.

Dafür wenigstens sollte ich
danke sagen.

Spätschaden

Angst, um etwas
zu bitten,
ist in mir tief
verankert
und verletzt dich
zuweilen.
Angst, zu bitten,
weil ich schon früher
und dann immer wieder
Danke sagen sollte,
auch für Dinge, Zuwendungen,
die ich gar nicht wollte;

wo mir Bedürfnisse
erfüllt wurden,
die ich gar nicht hatte,
und flink die Handschellen
der Pflicht zur Revanche
klickten.

Gefühlsfreie Zone

Oft bemüht sich
ein Partner,
setzt alles daran,
eine Partnerschaft
im Sperrgebiet der
Gefühle zu leben.

Das macht ja geradezu Lust,
auf eine Mine zu treten,

in Liebe zu
explodieren.

Immer Mensch

Kinder, Jugendliche, Erwachsene,
Senioren. Reiche, Arme, Mittelstand.
Pastoren, Zuhälter. Arbeiter, Manager,
Künstler, Beamte.
Schickimickies, Rocker, Punker,
Skinheads, Popper.
Lebemänner, Philosophen, Politiker,
Präsidenten, Knackies, Psychologen,
Mütter, Väter. Aussteiger, Einsteiger.

Es bleibt im Vertrauten
immer »nur« ein Mensch
übrig.

Diese Erfahrung
macht mir Angst
und gibt gleichzeitig
Hoffnung!

Achte das Leben
Schütze das Leben

– ansonsten lebe,
was aus dir herauskommt,
werfe es nicht
durch die Filter
verschiedenster Wertmaßstäbe,
und stecke vor allem
dich nicht ständig
in deine innere Zweifelsmühle.

Du funktionierst verdammt gut

Als Musterbeispiel
gesellschaftlicher Anpassung
und Funktionalität
bestehst du fast nur noch
aus Gewohnheiten, Standards
und Formalitäten.

Deine ganz eigene
Persönlichkeit
ist kaum mehr
als ein Flüstern...

...schade um dich!

Eigene Ideen
hast du im Leben so oft
ausgeschlossen.

So ist mit dir
vieles einfach
nur geschehen, und
heute bist du
eingeschlossen.

Doch was ist mit deinem Leben –
mit deinen Träumen, Wünschen
und Hoffnungen?
Abgeschlossen?

Meine Tränen

versiegen nicht
in den Gewässern
der Selbsttäuschung,
stürzen nicht ins
Dunkel der Verzweiflung.

Sie spülen mich frei,
und von Zeit zu Zeit
schimmern sie als
kleine Perlen
der Akzeptanz des Lebens.

Einen Schritt auf mich zu

Ich schämte mich meiner Tränen,
der Trauer in mir.
Also versteckt!

Ich schämte mich meiner Unsicherheit,
meiner Verletzbarkeit.
Also unterdrückt!

Ich schämte mich meiner Begierden,
meines Egoismus.
Also Zurückhaltung geübt!

Ich schämte mich meiner selbst.

Ich schämte mich meiner Unangepaßtheit,
meiner rebellischen Ader.
Also heruntergeschluckt.

Da bekam ich Angst.
Angst vor Entfremdung.

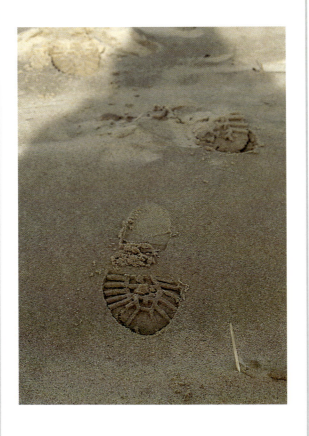

Negative Impression

Aus Wiesen wird Brachland.
Statt Aroma gibt es naturidentische Stoffe,
statt Nahrung – Fast food,
statt Unterhaltungen – Fernsehen.

Aus Menschen werden Leute.

Hoffnungen

– wie kleine Silberfische
schwirren sie
durch unsere Leben.

Der Fuß, der sie schont
oder zertritt,
gehört der Dame
Schicksal.

Dein Leben – dein Auftritt

Du kannst weder
den Zeitpunkt der
Vernissage
noch den der
Finissage bestimmen.

Das Werk dazwischen
mußt du selber
schaffen!

»Betriebsanleitung« für gewisse Zeitgenossen

Wo sie am lautesten schreien,
werden sie am wenigsten handeln.

Wo sie eilfertig zustimmen,
zählen sie im stillen schon
ihre Vorteile und feixen über
deine Verluste.

Dort, wo sie »wenn und aber« zetern,
drücken sie sich vor Verantwortung
oder haben einfach kein Interesse.

Wo sie betroffen schweigen,
lauern gierig geschwätzige Zungen,
um das, was scheinbar betroffen machte,
zu zerreden.

Wo sie sich am heftigsten wehren,
sei wachsam!
Dort sitzt ihre Angst.

Sehnsucht (mal ironisch)
– Ein imaginärer Brief an Dich –

Ach, weißt Du,
es ist nur
dieses kleine bißchen Sehnsucht,
das mich durchbohrt
wie eine Lanze.

Das wird vorübergehen,
muß ich mich trösten.
Du wolltest heute kommen
und bliebst fort.
Kein Wort, keine Nachricht,
kein Zeichen.

Nun,
es ist nur dies
kleine bißchen Angst,
das mich trifft wie eine Kugel.

Dieses kleine Bißchen
in dieser großen bunten Welt.

»Fundsache«

Ich wollte
keine
neue Liebe.

Doch als wir
uns begegneten,
war »wollen«
bedeutungslos.

Unsere Ängste
knallen uns
gegen die Begrenzungen
unseres Daseins.

Die Verletzungen
schmerzen brutal,
weil wir wissen,
daß wir es sind,
die die Begrenzungen bauten,

daß wir es sind,
die diese Barrikaden halten.

Partnerschaft

Loslassen -
dazu bin ich bereit,
aber ich brauche
die Freiheit,
mich festhalten

zu können.
Von Zeit zu Zeit.

Freischwebend –
dazu habe ich
NICHT IMMER
die Kraft.

Leben
Leben
Leben
Leben
Leben
Leben
Leben
Leben
Leben
Leben
Leben
Leben
Leben
Leben

Leben
Leben

...was denn sonst!...

Falscher Umgang mit dir selbst
– für K. –

Auf deine vermeintlichen
Schwächen und Makel
knallst du das Licht
von Punktstrahlern
und bist so geblendet,
daß du deine Stärken
nicht mehr zu erkennen
vermagst.

Verschwendete Energie!

Jeder Mensch
trägt alles in sich.
Ganz junge Keimlinge,
zarte Pflänzchen,
schönste Blüten,
reife Schönheiten,
Verblühtes und
Verwelktes.

Leben und Tod.
Verwelken und Keimen.
Rückzug und Aufbruch.

Helfer-Syndrom

So mancher meint,
eine Freundschaft zu
pflegen;
tatsächlich
freundet er sich
mit einer Pflegschaft an.

Junk-Food

Viele achten nicht
auf gesunde Ernährung.
Sie stopfen gedankenlos
in sich hinein.

Viele prüfen nicht,
was Medien an
sie verfüttern.

Geistige Verstopfung!

Der Wald der
Menschlichkeit
– verwildert –
liegt beschaulich da.
Nur wenige Besucher.

Die meisten ziehen vor,
in den gepflegten Parks
des Konsums
– steril –
nebeneinanderherzuwandeln.
?

Vielen gewidmet

Du bist wie eine
Schallplatte. –

Wenn man dich auflegt,
dann spielst du deine Lieder
und genauso läßt du dich
eintüten
und beiseite stellen,
bis man dich wieder
hervorholt.

Die vielen Kratzer,
die dir durch
unsanfte Behandlung
entstanden,
haben deine Musik verändert.

Sie klingt nicht mehr
so schön und rein,
wie anfangs.

Lerne deine eigene Melodie
wieder zu spielen.

Gewachsen

Jede Kritik,
egal von welcher Seite,
aber Kritik *an mir*,
zerfraß mir einst
das Selbstverstrauen
wie Säure den Stein.

Heute weiß ich,
ich kann und möchte
gar nicht jedem gefallen
und werde
immun
gegen diese Säure.

Ein anderer

Du siehst zu, wie ein anderer
geschlagen wird. –
Wärst du der Geschlagene,
würdest du den Umstehenden vorwerfen,
sie hätten dir nicht geholfen?

Du schweigst,
wenn ein anderer Unrecht erfährt. –
Wärst du der Unrechterfahrende,
würdest du den anderen klagen,
niemand habe für dich Recht gesprochen?

Du hast genug zu tun,
wenn ein anderer um Hilfe bittet. –
Und bist betrübt, erregt, wenn niemand
dir als Hilfesuchendem die Hand reicht?

Du bist auch
ein anderer
für die anderen.

Nur ein Tag

Du kannst
an einem Tag
viel machen,
viel Freude spüren
und am Leben teilnehmen.

Die meisten allerdings
lassen sich
mit »Alltag« entschuldigen.

– entschuldigt vom Leben?

Ein Ulklied
oder
Fahrkarte zum Magengeschwür

Wir sind gebildet und sind
clever und selbstverständlich
ach so wichtig...

doch in der Nacht,
wenn du alleine bist,
dann zieht der ganze Zirkus
noch einmal an dir vorbei
und da steht sie auf einmal,
die Frage:

ob es wohl jemand gemerkt hat,
daß auch ich meine Fehler habe?
Waren wohl die Schwächen gut kaschiert,
die Falten unter den Augen,
verdeckt vom Make-up eines Images?

Ob sie jemand gemerkt hat,
die Sturheit meines Geistes,
die Not meiner Seele,
verdeckt unter brillanten Reden?

Hat meine Sicherheitsfassade
gehalten oder
hat irgendwo diese verdammte Unsicherheit
rausgeschaut,
und glaubt man dem Gradmesser
meiner Wichtigkeit...

oder sieht man irgendwo
zwischen Bügelfalte
und neuer Lederkrawatte
doch meine Zweifel.

Sehnsucht

Schade, daß du nicht hier bist.
Ich friere hier am warmen Ofen,
finde es viel zu laut in dieser Stille.

Im Haus knackt es, was sonst vertraut,
bedrohlich; und selbst das Licht der Lampe
wirft heute Dunkelheit.

Ich finde, sogar die Blumen lassen
ihre Blätter hängen und ihre Blüten
sind verschlossen,
so als ob sie schmollen.

Ich trinke guten Wein und
schmecke nichts als Flüssigkeit,

und bald fallen mir die Augen zu,
doch finde ich keine Ruhe,

meine Gedanken sind zu laut
in dieser Stille hier.

Jetzt dein Lächeln sehen,
deine Stimme hören
und spüren,
du bist da.

Lieblosigkeit

Einkaufen im Supermarkt.

Eine gernervte Mutter
schreit ihre Kinder an.

Gehetzte Gesichter.
Tote Gesichter.
Vergrämt.
Kein Leuchten in den Augen
trotz des tollen Warenangebotes.

Ein Ehemann sagt »Los komm...!«
(»Alte« verschluckt er wohl)
zu seiner Frau, die sinnierend
vor der Truhe für Fleischwaren steht.

Einkaufswagen mit ihren derzeitigen
Eigentümern blockieren die Gänge;
Menschen schieben die vollen Wagen
als seien sie allein hier;
keiner lächelt, niemand wagt ein
freundliches »Darf ich mal vorbei«,
sondern drängelt sich durch den
Warenhausdschungel.

Einkaufen im Supermarkt –

eine Bagatelle in
allem Handeln auf dieser Welt

und doch so bezeichnend für
viele, viel wichtigere Handlungen
in diesen Tagen:

Lieblosigkeit

Ein Wort zur Umwelt

Stellen wir uns vor,
auf der Erde landen
Wesen von fernen Planeten. –

Es bräuchte niemand
in Panik zu geraten;

landet man nämlich
an der »richtigen« Stelle
(davon gibt es genug),

würde man ins Raumschiff
flüchten und
verschwinden.

Daheim heißt es
im Reisebericht:
»unbewohnbar«
und die Akte »Erde«
wird abgelegt.

Es zählt nicht die Zahl der Jahre...

Es zählt nicht die Zahl der Jahre,
nicht der Ring,
sondern allein das Vertrauen
und die Qualität des Miteinander.

Ich kenne viele Menschen,
die 5, 17, 25 oder 50 Jahre
zusammen eine Ehe geführt haben,
die aber nie
miteinander gelebt haben.

Wenn du in deinem
Leben häufig über
die Minenfelder der
Unsicherheiten und
Zweifel läufst,
quälst du dich nur selbst.

Diese emotionalen Detonationen
sind sinnlos und werden
den Verlauf deiner
ganz privaten Schlachten
nicht positiv beeinflussen.

Zweifel und Unsicherheiten
haben nur einen Sinn,
dich selbst zu verlieren,
nicht das, dessen Verlust
du fürchtest;
dich selbst zu zerstören,
nicht das, dessen Zerstörung
du fürchtest.

Im Traum

Du versuchtest, eine Antwort zu finden
und hast den Wind gefragt, warum er weht.

Du hast seine Antwort nicht verstanden.

Du hast die Bäume gefragt,
warum sie da sind.

Sie wußten es nicht.

Du fragtest die Tiere,
welche Aufgabe sie haben.

Sie sprachen nicht deine Sprache.

Dann gingst du zu den Menschen,
und fragtest, warum sie leben.

Du warst erschocken
über die hohe Zahl derer,
die nicht einmal mehr lebendig waren.

Vorläufiger Abschied

Sich umarmen,
einander festhalten
für Minuten.

– Dann bist du
gegangen,

und doch
immer noch hier.

Sarah Harrison

Die mitreißenden Schicksalsromane der englischen Erfolgsautorin.

»Spannend, nicht mit groben Pinselstrichen skizziert, sondern in farbigen Nuancen ausgeführt.«
NORDWEST-ZEITUNG

Zwei sehr unterschiedliche Töchter
01/9522

Eine fast perfekte Frau
01/9760

01/9760

Heyne-Taschenbücher

Leonie Ossowski

Lebendig, unterhaltsam, wirklichkeitsgetreu – die Werke einer großen Erzählerin der deutschen Gegenwartsliteratur. Für ihr Gesamtwerk erhielt Leonie Ossowski den Schillerpreis der Stadt Mannheim.

Stern ohne Himmel
01/7817

Wolfsbeeren
01/9257

Holunderzeit
01/9258

Die Maklerin
01/9739

Liebe ist kein Argument
01/9952

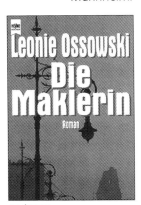

01/9739

Heyne-Taschenbücher

Jörn Pfennig

»Wer die Hoffnung nicht fahrengelassen hat, ob Mann, ob Weib, der findet in Jörn Pfennig einen Bruder, der einem ohne Theater vormacht, wie man sich selbst erkennt. Lies - und tue dergleichen.«

Bayerischer Rundfunk

Außerdem erschienen:

Grundlos zärtlich
Gedichte
01/8810

Keine Angst dich zu verlieren
Gedichte
01/8844

Hand aufs Hirn
Gedichte
01/9447

Abschied von der Männlichkeit
01/9071

01/9747

Heyne-Taschenbücher

Gisbert Haefs

»Erzählwerke, die einem beim Lesen wirklich die Zeit vergessen lassen, die eigene und die, von der die Rede ist.«

SÜDDEUTSCHE ZEITUNG

Hannibal
01/8628

Alexander
01/8881

Alexander in Asien
01/8882

Gashiri
01/9147

Banyadir
01/9148

Traumzeit für Agenten
01/10288

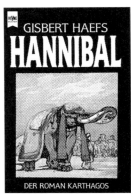

01/8628

Heyne-Taschenbücher

Jane Austen

Sie ist eine der bedeutendsten englischen Schriftstellerinnen des 19. Jahrhunderts.

Ihre Klassiker verzaubern weltweit ein neues Lesepublikum.

Verstand und Gefühl
01/9362

Stolz und Vorurteil
01/10004

01/9362

Heyne-Taschenbücher